AF339603

UN
RAYON DE LUMIÈRE,

OU

TROIS IDÉES

SUR LA VÉRITÉ POLITIQUE.

L'ordre est la loi des intelligences.

BESANÇON.

BINTOT, IMPRIMEUR-LIBRAIRE,

PLACE SAINT-PIERRE.

1848.

AVIS DE L'ÉDITEUR.

Nous devons ces *lettres sur la vérité politique*, à l'amitié d'un homme éminent, dont nous vénérons la modestie autant que nous admirons le profond savoir. Nous n'avions nulle intention de les publier; mais les graves évènements qui viennent de faire tressaillir la France et l'Europe ne nous ont pas permis d'hésiter un seul instant. Ce n'est que par une transaction nationale entre les partis, que le Pays peut être sauvé. Or, nous en avons l'intime conviction, les hommes sérieux, qui liront ces *lettres,* comme nous les avons lues nous-même, avec le désir sincère d'être éclairés, y trouveront, sur la vérité d'une transaction nationale, plus qu'*un rayon de lumière.*

UN

RAYON DE LUMIÈRE,

OU

TROIS IDÉES

SUR LA VÉRITÉ POLITIQUE.

7 janvier 1848.

Mon excellent ami ,

Je réponds bien tard, mais ce n'est pas ma faute. N'ai-je pas dû y penser à deux fois, avant d'accepter l'étrange proposition de te *débrouiller le cahos?* Dieu! Comme tu y vas! Bien m'en a pris de me souvenir de l'*homo sum* du vieux Térence. Enfin j'ai rêvé quinze jours à *ton cahos*, et je me sens tout disposé à me mettre à l'œuvre.

Puisque tu le veux, tu seras traité *en écolier*; je reprendrai les choses *ab ovo* et tâcherai surtout d'être clair. J'ai horreur de l'obscurité. Si je ne parviens pas à être clair, brûle mes lettres et n'en parlons plus. Avec toi, *faire de l'érudition, voire* même du *style*, serait superfluité, niaise prétention. Etre clair, voilà toute mon affaire. N'ai-je pas le *cahos à débrouiller?* Et que me faut-il? De la lumière. Prépare-toi, et lis-moi, comme j'écrirai, *tout bonnement.*

Adieu. A la huitaine.

II.

16 janvier.

Avant d'attaquer *ton cahos* ou mon *brouillard*, ce qui pour nous est même chose, je vais examiner comment se forme l'erreur. Suis-moi attentivement.

Pour éviter l'erreur, pour bien juger, deux choses sont nécessaires, 1° bien voir, 2° n'affirmer que ce qu'on a vu.

Pour bien voir, il faut 1° un œil sain, 2° un objet à la portée de l'œil, 3° une observation complète.

D'abord *un œil sain* : nul doute là-dessus. Or, le préjugé, la prévention, la passion altèrent la santé de l'œil : mal juger, dit Bossuet, vient très souvent d'un vice de volonté. Cela étonne ; mais cela est : l'histoire de la Philosophie, et d'autres histoires encore, en sont une démonstration. Et sont-ils nombreux les hommes qui sont à l'abri du préjugé, de la prévention et de la passion ? Je t'abandonne la réponse.

En second lieu, *un objet à la portée de l'œil*. Rien de plus juste ! Par malheur, bien rarement une question un peu haute est à notre portée, parce que bien rarement nous avons assez d'idées pour nous représenter complètement une question un peu haute. En outre, nous ne voyons une question qu'à travers nos idées, nous ne voyons nos idées qu'à travers les mots : les mots sont quelque peu variables : il en est qui répondent à plusieurs idées. De là, tu le vois, des difficultés nombreuses.

En troisième lieu, *une observation complète*. Il faut que l'objet soit vu dans tous les sens : cela va sans dire. Mais *tout est à facettes* : on l'a dit mille fois, et l'on peut ajouter : *et chaque facette est taillée différemment*. Or, bien souvent, soit faiblesse, légèreté, paresse ou présomption, ou pour ces quatre raisons à la fois, quand l'esprit a vu un objet sous une ou quelques facettes, il s'en tient là, croit l'avoir vu, et la *vision partielle* est affirmée comme *totale*.

Voilà, mon cher ami, comment se forme l'erreur. Interroge ton expérience, tes souvenirs ; pense aux nombreux préjugés, aux nombreuses préventions, aux nombreuses passions, qui peuvent nous affecter ; aux nombreuses questions religieuses, philosophiques, politiques, littéraires, qui sont trop *hautes* pour le commun des hommes, et que néanmoins de nombreux jouvenceaux font métier de traiter, de discuter, de trancher, de tourmenter, depuis longtemps dans les livres, depuis un demi-siècle dans les journaux ; pense aux nombreuses acceptions d'un grand nombre de mots non exactement définis ; aux nombreux aspects que présentent la plupart des questions ; aux chances nombreuses que peuvent courir la faiblesse, la légèreté, la paresse et la présomption ; ajoute à tout cela les erreurs anciennes et traditionnelles, puis celles qu'on nous a importées d'Angleterre, d'Allemagne, d'Italie et d'ailleurs ; et, à coup sûr, tu jugeras que l'erreur peut se former de mille et une manières ; *ton cahos* ou *mon brouillard* cessera de t'étonner.

Ce n'est pas tout. Voici une autre manière de tomber dans l'erreur, qui me paraît tout à fait intéressante. L'amour du vrai est le fond de l'âme humaine. Eh bien ! cet amour est lui-même une cause d'égarement. L'âme aperçoit-elle clairement l'erreur ? Aussitôt elle s'en détourne, elle fuit, et, dans son élan, elle court à l'extrême opposé. Ainsi s'explique un fait dominant de l'Histoire, un fait reproduit mille et mille fois, *le fait de la réaction exagérée du vrai contre le faux*. La vision *partielle* a été affirmée comme *totale* ; à cette affirmation vient s'opposer une négation, qui a le même caractère. Telle est la *réaction*. Cette réaction, je la crois *une loi du monde moral*; souviens-t'en, nous y reviendrons.

Maintenant, nous y voilà. Puisque nous savons comment se *forme* l'erreur, nous pourrons la *décomposer* et faire apparaître le vrai qu'elle nous cache. La vision *partielle*, avons-nous dit, est affirmée comme *totale*. Ce n'est donc pas le défaut de perception qui constitue l'erreur, c'est l'exagération de cette perception :

> Toujours un peu de vérité
> Se mêle au plus grossier mensonge.

C'est cela même. Soit une question offrant plusieurs aspects (plusieurs facettes), et correspondant, par chacun, à une opinion erronée. Si on dégage ces opinions de ce qu'elles ont d'exagéré, on se trouvera en face du vrai.

Tu ris, j'en suis sûr, de mon procédé chimique et peut-être aussi de ma naïveté. *Mais attendons la fin :* j'ai des *réactifs* que tu ne connais pas.

Encore un mot sur la manière dont l'erreur s'affermit. L'homme est fait pour la vérité; mais l'erreur est facile. On la respire avec l'air, elle nous enveloppe, nous presse, elle entre en nous par tous les sens, par tous les pores, on la retrouve en la fuyant. Qu'en conclure? Que la bonne foi est universelle. Oui, et c'est en moi une profonde conviction, il y a de la bonne foi dans toute erreur, dans tout crime, dans l'âme du dernier des scélérats.

D'un autre côté, « rien de plus fier, de plus indomptable que le cœur humain. » Il est tel, en effet, et Bossuet a pu nous le dire. Le cœur humain a conscience de sa sublime nature, il sait que le vrai est sa vie, et, quand il le voit ou croit le voir, il s'y attache énergiquement : à bon droit il est fier, indomptable. En retour, rien de plus délicat, de plus

sensible : un trait de lumière le fait tressaillir, il s'épanouit
à un rayon d'amour! Ah! si l'on connaissait le cœur humain ! — Eh bien, comment traiter avec lui? — Comme on
traite avec un auguste malade, *respectueusement et délica-
tement.* Est-ce ainsi que l'on fait? Tu ne me croiras pas,
mais je te le jure; une de mes plus grandes souffrances mo-
rales est de voir comment on s'y prend pour détruire l'erreur. Il est certains livres, certains journaux, qui me font
un mal indicible. Vous vous proposez, dites-vous, de con-
vaincre votre adversaire, et déjà le regardant comme un en-
nemi, vous le provoquez fièrement au combat. Vous voulez
le dompter, le réduire; en effet, votre polémique prend un
caractère impérieux, tranchant, passionné. Pour hâter votre
triomphe, vous avez recours au mépris, au dédain, à l'iro-
nie amère, au sarcasme. Qu'avez-vous fait? Vous avez dou-
blé son mal, vous l'avez affermi dans son erreur. Jamais il
n'acceptera la vérité des mains de l'orgueil ou de la haine.
Vous avez cru lui imposer, mais rien n'impose au cœur humain : Dieu lui-même a pour lui des ménagements.

Qu'en penses-tu? N'est-ce pas ainsi que s'affermit l'erreur? Tu as disputé souvent sur la Littérature, la Politique;
as-tu jamais vu une question s'éclaircir dans les disputes?
N'y va-t-on pas toujours d'un extrême à l'autre? Le Journa-
lisme, quels progrès a-t-il fait faire à la vérité? Le *brouillard*
politique n'est-il pas aussi épais aujourd'hui qu'il était il y a
vingt ans? Je te laisse juge de tout cela.

Adieu. Bon courage !

III.

29 janvier.

Je te remercie, à mon tour, mon cher ami, de m'avoir lu et relu. Je sais combien il en coûte pour revenir aux notions élémentaires, quand on a, comme toi, une répugnance prononcée pour la *Métaphysique*. Cette répugnance disparaîtra peu à peu, tu feras quelques efforts, et mon *Style d'Aristote*, sur lequel tu plaisantes fort agréablement, finira par t'aller. Il y a une métaphysique nébuleuse, obscure, à l'usage des Songe-creux, en grande faveur dans les pays d'Outre-Rhin ; il en est une autre, simple, claire, lumineuse, je dirais volontiers française. Celle-ci, comment pourrais-tu la repousser ? Après tout, à bien prendre les choses, toute théorie est métaphysique. Le pédagogue, qui autrefois t'enseigna la *calligraphie*, dut te faire de la métaphysique à sa manière. Ainsi, rassure-toi ; je ferai de la métaphysique, mais *à la française*.

Un autre préjugé non moins fâcheux, est de penser que la vérité n'est pas accessible au simple bon sens ; qu'il faut s'armer d'un télescope pour la découvrir ; qu'elle n'apparaît qu'au bout des longs raisonnements de la Philosophie. Jette au diable ce préjugé, qui outrage à la fois Dieu et l'homme.

La première question que je veux examiner avec toi, est celle-ci : *Quels sont les éléments de l'Ordre ?* Quand nous aurons trouvé ces éléments, tu peux compter sur ma métaphysique ; elle sera tout à fait *française*.

L'Ordre, dans son acception la plus générale, est *ce qui doit être*, évidemment le contraire du désordre, lequel *ne doit pas être.* Si tu veux, l'ordre est la vérité appliquée aux relations des êtres.

Il y a un ordre moral, un ordre physique, un ordre absolu, un ordre relatif, etc. , etc.

Descendons de ces hauteurs éthérées et demandons-nous tout simplement ce qu'il faut pour qu'un grain de sable soit grain de sable. Il faut 1° des molécules, 2° une force qui les tienne unies, 3° un mode propre d'union. Ces trois conditions, sans lesquelles le grain de sable n'est pas possible, n'est pas *ordonné*, n'est pas ce qu'il doit être, sont donc les éléments de l'ordre, à l'égard du grain de sable. Ces trois éléments se transforment à mesure que l'on remonte l'échelle des êtres, mais ils restent invariablement les mêmes. La *force* que, par politesse, je mets au premier rang, sera, dans ses transformations, *principe, vie, centre, unité, âme, puissance*, etc. , etc. , etc. Les *molécules* seront, *pluralité, variété, forme*, etc., etc., etc. Le *mode propre* sera rapport, loi, rayon, proportion, harmonie, etc. , etc. , etc.

Voilà, mon excellent ami, mon grand secret, le *réactif* dont je t'ai parlé, mon *cogito ergo sum*, ce qui a été pour moi comme une révélation, ce que j'ai médité pendant dix ans, ce qui fait mon bonheur depuis dix ans, ce que je remercie Dieu de tout mon cœur de m'avoir montré. Je m'arrête, car je soupçonne un peu que tu t'arrêtes aussi pour rire aux éclats, pour t'en donner à cœur joie sur mon compte. Et cependant, mon bonheur est bien explicable : rappelle-toi Archimède et tant d'autres. Quand on a usé la moitié de sa vie à dévorer des livres, à rêver, à débrouiller péniblement de ténébreux systèmes, et qu'une idée lumineuse s'en vient tout-à-coup vous frapper l'esprit ; quand cette lumière, qui vous a fait tressaillir, devient de plus en plus vive, intense ; quand la nuit fuit devant elle, que l'horizon s'agrandit comme par enchantement : illusion ou non, c'est le bonheur !

Revenons à l'*Ordre*. Trois éléments le constituent ; soit l'unité, la pluralité et le rapport de l'une à l'autre.

Dans l'ordre moral, l'unité, c'est l'autorité ; dans l'ordre physique, c'est la force attractive. L'une agit sur les êtres intelligents, l'autre sur les corps.

Chaque être intelligent ayant son activité propre (la liberté), comme chaque corps sa pesanteur, il existe entre eux et leur principe d'union, une loi qui les maintient dans une dépendance réciproque.

L'autorité sans la liberté, c'est le despotisme ; la liberté sans l'autorité, c'est l'anarchie. L'univers serait également bouleversé si les planètes s'échappaient de leurs orbites, ou si l'astre, qui les régit, augmentant de puissance, les attirait violemment à soi.

Autorité, liberté, loi d'harmonie entre l'un et l'autre. Voilà l'ordre moral. Mêmes principes analogues dans l'ordre politique.

L'analogie entre les deux Ordres est incontestable, et je te conjure au nom de la Philosophie d'exercer là-dessus toute ta réflexion. Cette analogie, un fait universel de langage la suppose. Partout et toujours, dans toutes les langues, depuis que les hommes parlent et écrivent, le langage a substitué l'*idée* à l'*image* et l'*image* à l'*idée*, exprimant ainsi les deux mondes l'un par l'autre, ce qui en suppose évidemment l'analogie. La Méthaphore est une merveille. La plupart des mots répondent à deux ordres d'idées. Prends au hasard les mots *force, lumière, vie, mouvement, loi, rapport, attraction, centre*, etc., etc. Le mot *Ordre* lui-même n'exprime-t-il pas les deux ordres ? Plus tu méditeras sur la Métaphore, plus tu seras émerveillé.

Sans doute, des deux ordres, l'un est fatal et l'autre est libre ; mais cette différence n'exclut pas leur analogie. L'Ordre physique étant fatal est par cela immuable ; l'ordre moral étant libre peut être troublé. L'autorité peut croître ou faiblir, la liberté peut faire de même ; mais la *loi* reste. L'autorité et la liberté une fois troublées *réagissent* l'une sur l'autre, et après quelques oscillations, l'équilibre se rétablit, « l'invincible nature reprend son empire. »

Ainsi les deux mondes s'expliquent l'un par l'autre. Montons plus haut et cherchons la raison de cette magnifique analogie. Dieu est l'ordre absolu ; les deux mondes ont été créés *à son image :* l'analogie entre les deux mondes a donc sa raison dans la nature même de Dieu. Là aussi la raison des *trois* termes dans *un* seul et même ordre.

Quand tu auras médité là-dessus autant que moi, tu partageras mon enthousiasme et mon *bonheur*, et *c'est la grâce que je te souhaite.*

Adieu.

IV.

10 février.

Va pour la vérité politique ! C'est bien, je crois, la plus embrouillée. Mais, dis-moi, où diable es-tu allé chercher de pareils compliments ? Quel mérite y a-t-il à voir ce que l'on regarde, quand la lumière ne vient pas de nous ? Il est vrai, j'ai beaucoup rêvé, mais la seule chose qui me soit restée de mes *sublimes* contemplations, c'est la migraine. J'avais déjà renoncé à voyager dans les nues, dit adieu à Kant, Hégel et autres, pris le parti de vivre sur terre comme un simple mortel, avec le simple bon sens, quand mes trois idées me vinrent toutes les trois à la fois. Je les accueillis sans façon, comme aurait fait un enfant : voilà mon mérite.

Tu me demandes s'il y a une vérité politique. On pourrait demander de même s'il y a une architecture et répondre en montrant un palais. Il y a une vérité politique comme il y a une nature humaine, comme il y a une société ; et il n'y aurait ni hommes, ni sociétés, ni maisons, ni palais, que la Politique et l'Architecture n'en seraient pas moins des vérités, non réalisées, il est vrai, mais réalisables. Toutefois, il faut en convenir, la plupart des questions politiques ont été tellement tourmentées depuis un siècle, la société a subi des transformations si diverses, les passions ont été si tumultueuses, la polémique des journaux si embarrassée, si pénible, si obscure, qu'en présence de ce cahos, le scepticisme politique a paru raisonnable à bien des esprits. Montrons qu'il n'a pas le droit de paraître tel.

Si l'on adressait aux Français cette question : que veut la France ? Chacun répondrait : la France veut ce 'qu'elle a

voulu toujours, ce que veut une nation, ce qu'elle doit vou-
loir, l'Ordre. Et les partis qui divisent la France répon-
draient de même : nous voulons l'Ordre ; et tous, je crois,
exprimeraient sincèrement leur pensée.

Cependant la vérité est une. Sans doute, mais chaque
parti regardant la vérité sous une face différente, croit l'affirmer toute entière en affirmant ce qu'il en voit : de là l'erreur.

Le pouvoir, la liberté, la loi sont les trois éléments de
l'ordre politique, tous les trois d'une importance égale,
d'une égale nécessité. Le pouvoir suppose la liberté, comme
le centre la circonférence, et réciproquement ; la loi, comme
le rayon, naît de l'un et de l'autre. Le pouvoir est essentiel,
la liberté essentielle, la loi essentielle. Le pouvoir ne doit
point absorber la liberté, ni la liberté se soustraire à l'action du pouvoir : la loi, qui en dérive, les unit et maintient
chacun dans sa sphère d'activité. Le pouvoir et la liberté
doivent être proportionnels entre eux. Tel est l'ordre.

Cela posé, dégageons les trois opinions, qui correspondent aux trois éléments, de ce qu'elles ont de faux et d'ex-
clusif. Je prends ces opinions et les formule dans le sens le
plus rigoureux, sans m'occuper de leurs nuances respectives.

Dans l'opinion absolutiste, le roi est tout-puissant : de sa
volonté émane la loi : la liberté n'est que le pouvoir de faire
ce que la loi ne défend pas.

Dans l'opinion démocratique, la liberté est absolue : elle
est pour chacun la jouissance de tous ses droits : le pouvoir,
comme la loi, naît du concours de toutes les volontés.

Dans l'opinion *conservatrice*, la loi est souveraine : le
peuple (la liberté) n'a de droits que ceux que la loi lui con-
fère : c'est la loi qui crée le droit d'élire.

Ainsi, dans la première opinion, c'est le pouvoir ; dans

la seconde, c'est la liberté ; dans la troisième, c'est la loi, qui produit les deux autres éléments de l'Ordre. Ces trois opinions sont donc exagérées.

Le pouvoir, la liberté et la loi concourent *simultanément* à la formation de l'ordre ; ils ne sont pas le produit l'un de l'autre. Le pouvoir ne produit pas la liberté, ni la liberté le pouvoir. La loi, expression des rapports qui dérivent du pouvoir et de la liberté, les suppose tous les deux.

Le pouvoir n'est donc pas absolu : il absorberait la liberté et la loi. La liberté n'est pas absolue : elle échapperait à la loi et au pouvoir. La loi n'est pas absolue : elle rendrait nuls le pouvoir et la liberté.

Pourquoi l'ordre politique, pourquoi la société ? Parce qu'il est nécessaire à l'homme de tendre à sa fin. La fin de l'homme est le développement de son être, et, sans la société, ce développement est impossible. L'homme est donc par sa nature soumis à l'état de société, sa liberté n'est donc pas absolue.

Le pouvoir peut-il être absolu ? Nullement, puisque son action a pour limites celles de la liberté elle-même.

La loi peut-elle être absolue ? Nullement encore, puisqu'elle dérive du pouvoir et de la liberté, qui ne le sont ni l'un ni l'autre.

Ainsi, rien d'absolu dans les éléments de l'ordre. Les trois opinions, qui correspondent à ces éléments sont donc fausses, en tant qu'elles sont absolues, exclusives. Ramenées par la raison à leur juste valeur, elles forment toutes les trois la vérité politique, elles sont le droit national.

Je ne sais si tu me trouveras assez clair. Avec un peu d'attention, tu verras qu'en *transformant* les *termes* je n'en ai point changé la *valeur*.

Relis Tacite et réfléchis sur le *concours simultané* des trois éléments. Quand on songe à ce qu'on a écrit depuis la *République de Platon* jusqu'aux *Paroles d'un Croyant*, sur l'origine du pouvoir et des sociétés, sur l'origine des lois, sur la liberté, sur l'état de nature, sur l'ordre social, etc., etc., ne demeure-t-on pas tout étonné, tout ravi de la théorie du *Concours simultané?*

Adieu.

V.

19 février.

Que veux-tu que je réponde à tes interjections? Une seule chose, c'est que je n'ai pas même le droit de me servir du pronom *mes* en parlant des trois idées.

Aujourd'hui, avant de jeter un coup-d'œil sur le temps passé, je veux te faire ma profession de foi politique, et la voici : *j'admets tous les partis et ne suis d'aucun.* Cette foi, qui n'empêche aucunement d'être bon Français, a l'avantage de laisser à l'esprit toute sa liberté. Il y a bien long-temps, j'avais une opinion et la soutenais *mordicus :* mais alors j'étais jeune et ne voyais qu'une *facette.* Si tu as une opinion arrêtée, fais comme Descartes, laisse-la dormir.

L'histoire d'une nation est, à mon point de vue, l'histoire du pouvoir, de la liberté et de la loi.

Une nation, c'est un système planétaire : le pouvoir en est le centre, la liberté, ce sont les planètes; la loi, la pondération des forces centripète et centrifuge ; le moteur, Dieu. Mais l'histoire d'un système planétaire, immuable de sa nature, n'en est que la description. L'histoire d'une nation, c'est autre chose! C'est une biographie. Ici, une naissance, laquelle suppose des parents, une enfance, une adolescence, un âge viril, un âge mûr, etc., etc. ; un certain genre d'é-ducation morale et physique, un caractère propre, une intelligence, une volonté, des actes.

Dans une nation, le pouvoir et la liberté peuvent violer l'équilibre, le pouvoir en augmentant ou diminuant sa puissance attractive, la liberté, par faiblesse ou *extravagance.*

Alors la nation s'émeut, *s'agite*, oscille entre le despotisme et l'anarchie, jusqu'à ce que l'invisible Moteur, qui la *mène* sans la forcer, l'ait fait rentrer dans l'ordre, par la loi même de la *Réaction*.

Que répondrais-tu à l'enfant, qui te ferait les questions suivantes : Comment est née la nation française? Qu'elle a été son éducation? Quel est le fond de son caractère? Comment a-t-elle vécu? Tu lui dirais sans hésiter : mon enfant, la nation française a une noble origine; son éducation a été chrétienne; son caractère, c'est la *franchise*, la loyauté, l'honneur, le désintéressement, la générosité; elle a vécu forte, libre, courageuse, indépendante, la première nation de l'Europe. Et si l'enfant ajoutait : pourquoi s'est-elle mieux portée que les autres? Tu ajouterais : parce qu'elle était mieux constituée et qu'elle a vécu plus sagement.

Dis-moi, n'aurais-tu pas raison de répondre ainsi? N'est-ce pas ainsi que répond l'histoire? Eh bien, mon brave, il est tel journal, tel historien du siècle dix-neuvième, et par suite nombre de gens, qui te trouveraient paradoxal, utopiste, arriéré, *voire* même un peu tartufe, si tu leur affirmais semblables choses. Il est de bon ton aujourd'hui de se moquer du passé : (stupides enfants de vingt ans qui se moquent d'en avoir eu quinze!) Il est de bon ton d'écrire et de répéter qu'*il n'y a pas encore eu d'autre souverain que la force*; que *la liberté ne date que de* 89; que *la France n'a jamais eu, avant* 89, *de lois constitutives, etc., etc.* Ce qui veut dire, comme tu le vois, que la nation française n'a été, pendant quatorze siècles, qu'un troupeau d'esclaves; que la raison, le bon sens, le droit, la civilisation, toutes choses que l'on croyait fort anciennes et fort respectables, sont venues au monde, il y a tout au plus 60 ans.

Oui, mon ami, tout cela s'imprime, se lit, se répète, se

soutient dans notre siècle dix-neuvième. Faut-il s'en fâcher?
Non. Que faire alors? S'y endurcir. Je me suis endurci on
ne peut mieux à ces absurdités et à bien d'autres, et je m'en
trouve admirablement. Mon principe est là : *il y a de la
bonne foi,* etc., etc. Un jour que j'avais affaire à un penseur
assez gourmé, je m'en tins à lui dire : « Vous prétendez,
» Monsieur, qu'il n'y a pas encore eu d'autre souverain que
» la force; pour le coup la légitimité de la force me semble
» incontestable; car si elle règne depuis 6000 ans, c'est ap-
» paremment du consentement de Dïeu et des peuples; que
» voulez-vous de plus? » Mon antagoniste se calma, et comme
il ne pensait qu'avec des idées d'emprunt, il pense maintenant avec mes idées.

Revenons aux trois principes constitutifs. Le Pouvoir s'é-
tablit dans les Gaules, à la fin du cinquième siècle et fonde
une monarchie. Ce pouvoir n'est point absolu; il est ce qu'il
était chez les Germains : *Nec regibus infinita aut libera po-
testas,* dit Tacite.

La Liberté s'établit en même temps; les compagnons de
Clovis et tout ce qu'il y a d'hommes libres, participent à la
formation de la loi : *De minoribus rebus principes consul-
tant, de majoribus omnes.*

La Loi, voulue par le Pouvoir et la Liberté, les oblige
tous les deux. Tu vas m'arrêter et me dire : Que fais-tu des
serfs? n'ont-ils pas droit, eux aussi, à la liberté politique?
Je répond : La femme, l'enfant mineur, le serf, ne s'appar-
tenant pas, étant sous puissance d'autrui, ne pouvant disposer d'eux-mêmes, ne sont pas des *activités libres.* Ils pour-
ront l'être, la femme par le veuvage, le mineur en devenant
majeur, le serf par la propriété. Soutenir que « la loi doit ré-
sulter du concours de tous ceux qu'elle atteint, » est chose
absurde. Sans parler des fous, que la loi ne laisse pas que

d'atteindre assez vigoureusement, comment voteront les *poupons?* Vous venez de voter une loi à l'aide de 20 millions de volontés. Soit. Mais pendant que vous la votiez, voilà que sont écloses des volontés nouvelles : il en éclot plusieurs à l'heure. Ces nouveaux citoyens sont-ils soumis à votre loi? — Non. — Alors comment vous y prendre, à moins que vous n'arrêtiez le mouvement des naissances? Vous invoquez la raison ! — Le genre humain l'a fait avant vous en se moquant de votre principe.

J'ai honte de descendre à ces puérilités, mais que veux-tu? Je m'en suis fait une habitude : j'affirmerais que le soleil existe si on me le niait.

Nous en étions tout à l'heure à l'origine de la monarchie. Cet ordre naissant, il faut qu'il grandisse, il faut que cette plante devienne arbuste, que cet arbuste devienne chêne, et que ce chêne domine les arbres de la forêt : il faut que le royaume de France devienne *le plus beau royaume qui soit sous le ciel.* Prenons l'histoire.

Le Pouvoir, d'abord *un*, se fractionne, redevient un, se fractionne de nouveau, s'affaiblit de plus en plus, s'annihile. Il renaît et présente les mêmes phases qu'auparavant. Ainsi sous les deux premières races. Sous la troisième, le Pouvoir se maintient *un*, se perpétue invariablement par l'hérédité, s'affermit peu à peu, grandit à travers les siècles, se fait absolu, continue à l'être et succombe dans la réaction de 93. A l'anarchie succède le despotisme. Le pouvoir reparaît, s'affirme *constituant*, la lutte recommence............ tu sais le reste.

La Liberté suit les phases du Pouvoir, mais en sens opposé, faiblissant quand le Pouvoir s'exagère et s'exagérant quand le Pouvoir faiblit, réagissant tour à tour l'un contre l'autre, avec plus ou moins d'énergie ou de violence, selon la cause qui a déterminé la réaction.

La Loi, qui maintient le Pouvoir et la Liberté, chacun dans sa sphère d'action, demeure obligatoire pour tous les deux; seulement dans les cas de conflict ou de réaction, le Pouvoir s'y soustrait par l'arbitraire, et la Liberté par la licence.

L'instabilité de l'ordre, sous les deux premières races, a pour cause principale le défaut d'*unité* du Pouvoir : la loi du partage est appliquée à la succession royale : trois ou quatre pouvoirs au lieu d'un : de là les luttes : *l'ordre* n'est pas constitué.

L'ordre une fois constitué, la nation grandit tout aussi naturellement que croît un arbre ou un homme.

L'absolutisme du 17e siècle n'est que la réaction du Pouvoir contre le Luthéranisme, qui a nié l'autorité religieuse et le pouvoir civil : plus d'États-Généraux : l'Etat, c'est le Roi.

La Liberté comprimée réagit à son tour en 89. A cette réaction s'ajoute la réaction voltairienne, et ces deux réactions formidables produisent 93.

Le despotisme impérial s'explique par l'anarchie et la Terreur. 1814 semble un retour à l'ordre, mais il n'en est pas même une ébauche. Le Pouvoir, sans perdre le souvenir de l'absolutisme, se fractionne, et la Liberté s'engourdit. On dirait deux ennemis qui sous prétexte de réconciliation, et pour se mettre dans l'impuissance de se nuire, se laissent enchaîner tous les deux. Un gouvernement constitutionnel, c'est, à mon avis, l'engourdissement du Pouvoir, de la Liberté et de la Loi.

En 1830, le Pouvoir fait effort pour se dégager; la Liberté se débat, secoue ses entraves, et, dans son emportement, terrasse le Pouvoir. La Liberté est de nouveau dominée, enchaînée par un quasi-pouvoir.... dont il est défendu de parler, et dont je ne parle qu'à toi.

Tout cela est bien simple, bien clair, bien saisissable à la pensée. Mais comment comprendre ce qu'il a fallu de temps, de siècles, d'efforts, de luttes, de patience, de moyens divins et humains, pour former *l'unité nationale* ; pour constituer l'unité religieuse, l'unité politique, l'unité judiciaire, l'unité de langue, l'unité territoriale ; pour que les éléments Gaulois, Romain, Franc, Goth, Burgunde, Sarrazin, Normand, ces éléments si rebelles, si opposés, si réfractaires, se combinassent en *un* seul, l'élément Français ; pour que tant de petits royaumes, tant de fiefs, tant de souverainetés indépendantes, héréditaires, assises sur des rochers et défendues par la force, devinssent *un* seul royaume, *un* seul pouvoir ; pour que la langue Celtique, la langue Latine, la langue Tudesque, la langue d'Oc et la langue d'Oil, devinssent *une* seule langue ; pour que les lois, les us et coutumes des Gaulois, des Romains, des Goths, des Francs, des Burgundes, etc., devinssent *une* seule législation ; pour que la religion de la Gaule catholique triomphât de l'Arianisme, du Mahométisme, du Manichéisme, du Luthérianisme, du Jansénisme, du Philosophisme ; pour que la nation Franke triomphât des Visigoths, des Bretons, des Bourguignons, des hordes Mauresques, des peuplades Saxones, des hordes Normandes ; pour que la nation Française triomphât de l'Angleterre, de l'Espagne, de l'Allemagne, de l'Europe, et restât Française ; pour que le peuple Français fût le premier des peuples par l'intelligence, le cœur et le caractère ; pour que la nation Française fût la première nation du monde, la Reine de la civilisation !...

J'admire, comme un autre, le système du monde, les lois de l'univers, mais ces autres mondes qu'on appelle nations, ces autres systèmes planétaires régis par des forces libres, cette nation Française, qui se meut et vit depuis quatorze siècles, entraînant dans son mouvement toutes les nations européennes ; voilà, mon ami, l'objet de mon admiration constante, habituelle, de mon ravissement. L'histoire de cette nation est pour moi le plus merveilleux, le plus sublime des poèmes, et la nation elle-même le grand œuvre de Dieu et des hommes.

Adieu. Ma lettre est un peu longue, mais
« Je n'ai pas eu le temps de la faire plus courte. »

Adieu.

VI.

29 février.

Quel enthousiasme ! quels transports ! Comme tu es Français de cœur et d'âme ! Je tressaille encore d'avoir lu ta lettre. Moi aussi j'ai applaudi vivement à la réaction de 48. Je m'y attendais *un peu* : elle était toute faite dans ma pensée : 1814 : 1830 : : 1830 :.... Je doute qu'aucun homme ait détesté, maudit plus que moi la *loi électorale*, non seulement parce qu'elle violait la liberté de plusieurs millions de citoyens, mais parce qu'elle pervertissait le sens moral, la raison, le caractère français. À la longue, le peuple n'aurait connu d'autre religion que la cupidité, d'autre Dieu que l'or. Oh ! béni soit à jamais ce coup de foudre !

Mais, soit dit par parenthèse, tu t'oublies en répétant avec les journaux : *Ordre et liberté.* — *La liberté doit être fondée sur l'ordre.* — *L'ordre doit être fondé sur la liberté.* — *Point de liberté sans l'ordre,* etc., etc. Je m'étonne que le langage de la politique ne soit pas plus pur et plus précis. La Liberté n'est pas un principe en dehors de l'ordre, ni une conséquence de l'ordre, ni la base de l'ordre : *elle est un élément essentiel de l'ordre,* ni plus ni moins. Souviens-toi que « les mots sont l'algèbre des idées, » et que ces formules générales de la raison sont la philosophie du peuple : bonnes raisons pour les rendre exactes et clairement telles.

Ce qui ne m'étonne pas, c'est ton admiration pour la loi de la Réaction, cette grande loi du monde moral. Tu as pu observer que les réactions sont ordinairement exagérées, dépassent le droit. Cet excès est purement humain ; c'est la faiblesse humaine qui en est cause. Quand l'esprit d'un homme, apercevant le faux d'une opinion, court à l'opinion opposée, que fait-il? Il réagit, et tu l'entends nier la première opinion et affirmer la seconde. Mais dans l'opinion erronée, il y a du vrai : la négation est donc exagérée : l'esprit a manqué de *force* pour saisir tout le vrai. C'est même par conscience de sa faiblesse que l'esprit exagère l'effort qu'il fait en réagissant. Puis quand l'esprit réagit, l'imagination s'en mêle, puis le cœur, puis la passion.

Tu reviens aux trois principes et me prie de discuter la valeur de chacun. Mais, mon bien cher ami, ils sont chacun de valeur égale : le Pouvoir est nécessaire, la Liberté nécessaire, la Loi nécessaire : tous les trois sont essentiels. A vingt ans, on préfère la Liberté, à quarante le Pouvoir, à soixante la Loi : la nation, qui se compose d'hommes de vingt ans, d'hommes de quarante ans, d'hommes de soixante ans, n'a point de préférence. Défions-nous du secret instinct qui nous fait dire avec Lafontaine :

> Notre ennemi, c'est notre maître ;
> Je vous le dis en bon Français.

N'exagérons pas notre *force centrifuge*. L'histoire des abus du Pouvoir a son pendant dans celle de l'abus de la Liberté, et, quand viendra le jour, où, reconnaissant leurs torts mutuels, le Pouvoir et la Liberté, s'embrasseront cordialement, je doute que ce soit la Liberté qui ait le plus à pardonner.

Les abus du Pouvoir ont produit l'opinion démocratique, les abus de la Liberté l'opinion absolutiste, les abus du Pouvoir et de la Liberté l'opinion conservatrice; et si l'absolutisme du Pouvoir a été défendu par des hommes éminents tels que les Bonald, les De Maistre, etc., etc., c'est, je crois, au règne de la Terreur qu'il faut l'attribuer.

Quoi qu'il en soit, ce qui est incontestablement certain , c'est que le Pouvoir et la Liberté doivent être *proportionnels* entre eux, comme le soleil et les planètes, le centre et la circonférence : autrement nul ordre possible. Calcule maintenant la puissance d'un Pouvoir *proportionnel* à la Liberté Française, c'est-à-dire à dix millions d'activités *libres* ayant elles-mêmes à *régir* vingt-cinq millions d'autres volontés.

Quelles sont les conditions de la *croissance* et de la *stabilité* de l'ordre? Je réponds : la nation française a grandi stable; elle a donc réuni les conditions démandées.

Le Pouvoir a grandi stable par l'unité et l'hérédité. La Liberté a grandi stable par le droit, pour chaque citoyen, de disposer de sa personne, par le droit de propriété, par celui du concours à la formation de la Loi. La Loi a grandi stable, parce qu'elle a été l'expression des rapports existants entre le Pouvoir et la Liberté. Tous les trois ont grandi stables , parce qu'ils étaient vrais, naturels.

Je sais qu'on peut ergoter, disputer à l'infini, se fâcher même tout rouge contre l'hérédité; je sais un peu cela par expérience. Mais qu'y gagne-t-on ? Nul moyen de défaire l'Histoire, de dompter l'entêtement de l'Histoire : l'hérédité est un principe qui a triomphé de l'Europe et du Temps. Trépigne, bondis, arrache-toi les cheveux : *l'Histoire n'en a cure.*

Quant à l'unité, même entêtement de la part de l'Histoire. L'unité, c'est la force ; et depuis Alexandre jusqu'à Napoléon, rien de grand ne s'est fait dans le monde, même dans les Républiques, que par l'Unité. Les noms changent, les choses restent. Le Pouvoir s'appelle Roi , Empereur, Président, Consul, Dictateur, Stathouder, etc. , etc. , et reste Pouvoir.

Quels sont les principes reconnus en 89 ?

Les voici tels qu'on les trouve dans tous les livres :

La France est une monarchie. — La Couronne est héré-
ditaire par ordre de primogéniture masculine. — La nation
(l'ensemble des citoyens) *concourt à la formation de la loi.*
— Au roi appartient le pouvoir exécutif. — L'impôt et
l'emprunt doivent être consentis par la nation. — La pro-
priété et la liberté individuelle sont inviolables.

Ainsi parla la France, il y a 58 ans.

Comment parlera-t-elle en 1848? Admirablement, si elle
parle, si un parti ne parle pas pour Elle.

Laissons se calmer *la folle du logis :* reprenons haleine ;
ne nous essoufflons pas à crier : *c'est toute une époque! c'est*
une ère nouvelle! c'est un nouveau monde! Prenons mieux
notre ton; tâchons d'unir au sang-froid Gaulois, le bon sens
Français. Que faut-il pour que l'ordre se rétablisse ? Il faut,
et je prends ce verbe dans toute sa force, il faut que le Pouvoir, la Liberté et la Loi soient reconnus dans toute leur
valeur ; qu'un élément ne domine pas les deux autres ; que
les trois opinions soient satisfaites en tant qu'elles sont vraies ;
il faut que la vérité politique apparaisse telle qu'elle est. Tant
que la vérité ne sera pas complète, l'ordre demeurera im-
parfait, et la société sera agitée « jusqu'à ce que l'invincible
nature ait repris son empire. »

« Cet oracle est plus sûr que celui de Calchas. »

Comment concilier le principe de l'Egalité avec l'inégalité
des états et des conditions?

— Ces deux choses sont certaines ; elles sont donc conci-
liables.

Il est certain que la nature humaine étant la même dans
chaque homme, tous les hommes sont égaux par nature.

D'un autre côté, il est certain qu'il n'y a pas égalité entre
l'intelligence et l'ineptie, entre le savant et l'ignorant, le
riche et le pauvre, le maître et l'ouvrier, l'homme de mé-

rite et l'homme sans nom, entre le vice et la vertu, entre le père et l'enfant, le gouvernant et le gouverné. Mais ces différences ne font pas que la nature humaine ne soit pas la même dans chaque homme.

Ces différences sont involontaires, ou le produit de la volonté. Dans le premier cas, je m'estime et j'ai droit de m'estimer, moi, roturier, cul-de-jatte, idiot, pauvre par naissance, autant que monsieur un tel, qui, par naissance, est noble, bel homme, doué de génie et fortuné ; et monsieur un tel doit m'estimer à l'égal de lui-même. Il est ainsi, l'Evangile est ainsi, la vérité est telle.

Si les différences sont volontaires, si par ma volonté j'ai acquis en vertu, en mérite quelconque, ce qu'un autre, libre comme moi, n'a pas voulu acquérir, la différence est alors entre le mérite et le démérite : l'un appelle l'estime, l'autre le mépris : c'est justice.

Sous un autre point de vue, il n'est pas douteux que la considération s'attachera à la vertu, au talent, au travail, *même* à la naissance, plutôt qu'aux qualités opposées. Cela est raisonnable : la vertu, le talent, le travail, et *même* la naissance, rendent un homme plus capable d'*être utile à la société*.

Il me resterait à te montrer que le Pouvoir et la Liberté ont chacun des droits et des devoirs ; que le droit de l'un est le devoir de l'autre, et réciproquement. La Loi est la déclaration et la règle de ces droits et de ces devoirs. Mais ces questions touchent à un ordre d'idées différent, à l'*ordre moral* proprement dit. Si tu n'avais pas été si impatient de causer politique, nous aurions commencé par la *vérité morale* et tu l'aurais vue rayonner sur tout le reste. Si l'horizon se brouille, à toi la faute. L'ordre moral et l'ordre politique s'engrènent l'un sur l'autre, de telle manière que le premier fait *mouvoir* le second, mais non celui-ci le premier.

Enfin, en suivant tes zigzags, je me trouve arrivé à ta dernière question : quelle est la mission du dix-neuvième siècle ?

—Le seizième siècle, par son Erreur, détermina la grande réaction par laquelle fut fondé l'Absolutisme en Europe. Cette Erreur touchant à sa fin, l'Absolutisme touche à la sienne. La mission du dix-neuvième siècle est ainsi de *réparer* la vérité politique, et comme toutes les vérités se tiennent, puisque toutes ne sont qu'*une*, le dix-neuvième siècle fera briller dans sa splendeur la *vérité universelle :* voilà sa mission : Pie IX la comprend.

Adieu. Sois français par la raison comme tu l'es par le cœur.

VII.

12 mars.

Peut-on être enfant à ce point ! Mais, mon bien cher ami, tu n'y as pas songé ! Faire imprimer mes lettres ! Et pour qui ? je te prie. Ce ne sont que des généralités, lesquelles supposent, pour être comprises, certaines connaissances et l'habitude de réfléchir. Est-ce que aujourd'hui on a le temps de penser ? Puis il s'agit de politique. Or, la politique est un parti pris chez la plupart. Je conviens que les gens sérieux y pourraient trouver quelque intérêt, si ces idées leur étaient présentées avec plus de méthode et sous une forme plus convenable. Encore tout au plus si elles prendraient parmi le clergé. Depuis longtemps, un certain journal lui prêche, avec une outrequidance toute juvénile, l'indifférence en matière politique. Qui donc lirait ton opuscule ? Personne.

Avant d'aborder la *vérité morale*, il est plusieurs points sur lesquels je reviendrai, si tu le désires, entre autres le *concours simultané*. Là est la solution du *grand problème ;* tu peux l'y trouver. Adieu. Si je ne suis pas parvenu à renverser ton *château d'Espagne*, il est bien entendu que jamais mon nom ne sortira de ta plume ou de tes lèvres, et que toi-même tu garderas l'anonyme. Je l'exige au nom de l'amitié et sous peine de couper court à notre correspondance. Je ne veux des soucis de la vanité ni pour moi, ni pour les *miens*. A mon âge, on n'a plus qu'à mourir.

Adieu.